Sur l'histoire de l'échelle de Gunter et de la règle à calcul au XVIIe siècle

Florian Cajori

Writat

Cette édition parue en 2023

ISBN : 9789359251875

Publié par
Writat
email : info@writat.com

I.
INTRODUCTION

Dans mon histoire de la règle à calcul [1] et mon article sur son invention [2] , il est montré que William Oughtred et non Edmund Wingate est l'inventeur, que la règle circulaire de Oughtred a été décrite sous forme imprimée en 1632, sa règle rectiligne en 1633. Richard Delamain est cité comme ayant tenté de s'approprier l'invention [3] et comme ayant écrit un pamphlet calomnieux contre Oughtred . Toutes nos informations sur Delamain a été emprunté à De Morgan, [4] qui, cependant, ne donne aucune preuve d'avoir lu aucun des écrits de Delamain sur la règle à calcul. Grâce au Dr Arthur Hutchinson du Pembroke College de Cambridge, j'ai appris que les écrits de Delamain sur la règle à calcul étaient disponibles. Dans cet article seront donnés : Premièrement, quelques détails sur les changements introduits au cours du XVIIe siècle dans la conception de l'échelle de Gunter par Edmund Wingate, Milbourn, Thomas Brown, John Brown et William Leybourn ; deuxièmement, un récit du livre de Delamain de 1630 sur la règle à calcul qui est antérieur à la première *publication* de Oughtred (bien que la date d' *invention* de Oughtred soit antérieure à la date de l'invention présumée de Delamain) et des conceptions ultérieures de règles à calcul de Delamain ; troisièmement, un récit de la controverse entre Delamain et Oughtred ; quatrièmement, un récit d'un livre ultérieur sur la règle à calcul écrit par William Oughtred et d'autres livres du XVIIe siècle sur la règle à calcul.

II.
INNOVATIONS À L'ÉCHELLE DE GUNTER

CHANGEMENTS INTRODUITS PAR WINGATE

Nous commençons par le récit d'Anthony Wood sur l'introduction par Wingate de l'échelle de Gunter en France. [5]

> En 1624, il transporta en France la règle de proportion, inventée peu avant par Edm . Gunter de Gresham Coll. et le communiqua à la plupart des principaux mathématiciens résidant alors à Paris : qui, craignant le grand bénéfice qui pourrait en résulter, le importèrent d'en exprimer l'usage dans la langue française. Ce qui étant exécuté en conséquence, il fut conseillé par monsieur Alleawne , ingénieur en chef du roi, de consacrer son livre au seul frère de monsieur le roi, depuis duc d'Orléans. Néanmoins ledit ouvrage paraissant avorté (la publication en étant quelque peu hâtée, car un avocat de Dijon en Bourgogne commença à en imprimer quelques utilisations, que Wingate lui avait amicalement communiquées) surtout en ce qui concerne Gunter lui-même avait savamment a expliqué son utilisation dans un volume beaucoup plus important. [6]

L'échelle de Gunter, que Wingate appelle la « règle de proportion », contenait, comme décrit dans l'édition française de 1624, quatre lignes : (1) une seule ligne de nombres ; (2) une ligne de tangentes ; (3) une ligne de sinus ; 4° une ligne d'un pied de longueur divisée en 12 pouces et dixièmes de pouces, aussi une ligne d'un pied de longueur divisée en dixièmes et centièmes.

Les éditions anglaises de ce livre parues en 1623 et 1628 sont sans intérêt. Les éditions de 1645 et 1658 contiennent une innovation importante. [7] Dans la préface, les raisons pour lesquelles cet instrument n'a pas été davantage utilisé sont indiquées comme étant : (1) la difficulté de tracer les lignes avec exactitude, (2) la difficulté de travailler dessus en raison (parfois) d'une trop grande taille. l'étendue des compas, (3) le fait que l'instrument n'est pas facilement transportable. Le dessin de la disposition de l'échelle de Wingate dans les éditions de 1645 et 1658 mesure environ 66 cm. (26,5 po) de longueur. Il contient cinq lignes parallèles d'environ 66 cm. long, chacun ayant les divisions d'une ligne marquées d'un côté et d'une autre ligne de l'autre côté. Ainsi, chaque ligne porte deux graduations : (1) Une seule ligne logarithmique de nombres ; (2) une ligne logarithmique de nombres répétée trois fois ; (3) la première échelle répétée, mais en commençant par les graduations qui sont proches du milieu de la première échelle, de sorte que sa graduation indique 4, 5, 6, 7, 8, 9, 1, 2, 3 ; (4) une ligne logarithmique de nombres répétée deux fois ; (5) une ligne logarithmique de tangentes ; (6) une ligne logarithmique de sinus ; (7) la règle divisée en 1000 parties égales ; (8) l'échelle des latitudes; 9° une ligne de pouces et de dixièmes de pouces; (10) une échelle composée de trois sortes, à savoir une ligne de jauge, une ligne de cordes et une mesure en pied, divisée en 1000 parties égales.

Les première et deuxième échelles sont importantes, grâce auxquelles l'extraction de la racine cubique était possible « par inspection uniquement, sans l'aide d'un stylo ou d'un compas » ; de même les troisième et quatrième échelles, pour les racines carrées. Cette innovation est due à Wingate. L'édition de 1645 annonce que l'instrument a été fabriqué en laiton par Elias Allen, et en bois par John Thompson et Anthony Thompson à Hosier Lane.

CHANGEMENTS INTRODUITS PAR MILBOURN

William Leybourn , dans son *ouvrage The Line of Proportion or Numbers, Communément appelé Gunter's Line, Made Easie* , Londres, 1673, dit dans sa préface « Au lecteur : »

> La ligne de proportion ou nombres, communément appelée (par les artificiers) ligne de Gunter, a été évoquée par plusieurs personnes et appliquée de diverses manières à divers usages ; car lorsque M. Gunter l'eut amené des Tables à une Ligne, et en écrivit quelques Utilisations, M. Wingate ajouta diverses Lignes de plusieurs longueurs, pour extraire ainsi les Racines Carrées ou Cubes, sans doubler ni tripler la distance des Compas : Après lui, M. Milbourn, un gentleman du Yorkshire, l'a disposé en ligne serpentine ou spirale, élargissant ainsi les divisions de la ligne.

Aux pages 127 et 128, Leybourn ajoute :

> Encore une fois, un certain T. Browne, un fabricant d'instruments mathématiques, l'a fait en une ligne serpentine ou spirale, composée de divers cercles concentriques , pour élargir ainsi les divisions, ce qui était

l'invention d'un certain M. Milburn, un gentleman du Yorkshire, qui l'a écrit. , et communiqua ses Usages au susdit Brown, qui (depuis sa mort) se l'attribua : Mais quel que soit celui qui en fut l'inventeur, ce n'est pas sans inconvénient ; car il ne peut en aucun cas être rendu portable ; et de plus (au lieu de compas) un Joynt d'ouverture avec des tiers [fils] doit être placé pour se déplacer sur le centre de l'instrument, sans lequel aucune proportion ne peut être travaillée.

Ce M. Milburn est probablement la personne nommée dans le journal de l'antiquaire Elias Ashmole , le 13 août [1646?] ; «J'ai acheté de M. Milbourn tous ses livres et instruments mathématiques.» [8] Charles Hutton [9] dit que Milburne du Yorkshire a conçu la forme en spirale vers 1650. Cette date est sans doute fausse, car Thomas Browne qui, selon Leybourn , a obtenu la forme en spirale de Milbourn, est mentionné à plusieurs reprises par William Oughtred . dans son *Épître* [10] imprimée en 1632 ou 1633. Shouldred ne mentionne pas Milbourn et dit (page 4) que la forme en spirale « a été découverte pour la première fois par un certain Thomas Browne et Joyner,.... . . la révolution serpentine n'étant que deux véritables demi-cercles décrits sur plusieurs centres. [11]

CHANGEMENTS INTRODUITS PAR THOMAS BROWN ET JOHN BROWN

Thomas Brown n'a publié aucune description de son instrument, mais son fils, John Brown, a publié en 1661 un petit livre, [12] dans lequel il dit (préface) qu'il avait fait « comme M. Shouldred avec la règle de Gunter, à un forme coulissante et circulaire; et comme mon père Thomas Brown sous une forme Serpentine ; ou comme M. Windgate dans sa *règle de proportion* . Il dit aussi que « ce bref contact avec la ligne Serpentine, j'ai eu l'audace de l'affirmer, pour voir si je pouvais en tirer une exécution de cette promesse, qui n'a pas été tenue si longtemps par ceux qui l'ont promise ». En conséquence, au chapitre XX, il donne une description de la ligne serpentine, « artificielle en cinq (ou plutôt 15) tours ». Nous n'avons aucun moyen de savoir si cette description, imprimée en 1661, correspond exactement à l'instrument tel qu'il a été développé en 1632. John Brown dit :

1. D'abord ensuite le centre est constitué de deux cercles divisés l'un en 60, l'autre en 100 parties, pour la réduction des minutes à 100 parties, et inversement.

2. Vous avez en sept tours deux piqûres intérieures et cinq en divisions, le premier rayon des sinus (ou tangentes étant plus proche de la question, comme pour les trois premiers degrés), se terminant à 5 degrés et 44 minutes.

3. Troisièmement, vous avez en 5 tours les lignes de nombres, sinus, Tangentes, en trois marargents en divisions, et la ligne de sinus versés en piqûres, sous la ligne des Tangentes, d'après la portée croisée de M. Gunter : les *sinus* et Tangentes commençant à 5 degrés, et 44 minutes là où l' autre se terminait, et allant jusqu'à 90 dans les sinus, et 45 dans les Tangentes. Et la ligne de nombres commençant à 10 et allant jusqu'à 100, étant un rayon entier, et graduée en autant de divisions que la grandeur de l'instrument le permet, étant de 10 à 10, 50 en 50 parties, et de 50 à 100 en 20. parties dans une unité d'augmentation, mais les Tangentes sont divisées en minutes simples du début à la fin, tant dans le premier, le deuxième et le troisième Rayons , et les sinus en minutes ; aussi de 30 minutes à 40 degrés, et de 40 à 60, toutes les deux minutes, et de 60 à 80 toutes les 5 minutes, et de 80 à 85 toutes les 10, et le reste autant qu'on peut bien le découvrir.

Les sinus versés sont placés à la manière du bâton croisé *de M. Gunter et divisés toutes les 10 minutes en commençant à 0 et en continuant jusqu'à 156 en revenant sous la ligne des tangentes.*

4. Quatrièmement, au-delà de la Tangente de 45 en une seule ligne, pour un Tour sont les sécantes à 51 degrés, n'étant rien d'autre que les sinus réitérés au-delà de 90.

5. Cinquièmement, vous avez la ligne des Tangentes au-delà de 45, en 5 tours à 85 degrés, ce qui évite tout problème de travail en arrière.

6. Sixièmement, vous avez dans un cercle les 180 degrés d'un demi-cercle, et aussi une ligne de sinus naturels, pour trouver les différences de sinus, pour trouver l'heure et l'azimut.

7. Septièmement, le bord ou bord le plus extérieur est une ligne de parties égales pour obtenir le logarithme de n'importe quel nombre, ou

le logarithme sinus et la tangente de n'importe quelle arche ou angle à quatre chiffres en plus de la caractéristique .

8. Huitièmement et enfin, dans l'espace entre la fin des cinq tours du milieu et la moitié du cercle se trouvent trois lignes piquées destinées à la réduction. Le montant le plus élevé étant pour les shillings, les pence et les farthings. Le suivant pour les livres, les onces et les quarts de petit poids *Averdupoies*. Le dernier pour les livres, les shillings et les pence, et à utiliser ainsi : Si vous vouliez réduire 16 s. 3d. 2q. à une fraction décimale, poser les cheveux ou le bord d'une des pattes de l'index sur 16. 3½ dans la ligne de 1. sd et les cheveux seront coupés sur les parties égales 81 16 ; et au contraire, si vous avez une fraction décimale et que vous voulez la réduire à une fraction propre, vous pouvez faire de même pour les shillings, les pence, les livres et les onces.

Quant à l'usage de ces lignes, je n'en dirai que peu ici, et cela pour deux raisons. Premièrement, parce que cet instrument est si artificiel que son usage est plus tôt appris que tout autre, je parle de la manière et de la manière de l'utiliser, car au moyen des premier, deuxième et troisième rayons , en sinus et en tangentes, le travail est toujours juste, d'une manière ou d'une autre, selon le Canon quel qu'il soit, dans tout livre qui traite des Logarithmes, comme *Gunter* , *Wells* , *Oughtred* , *Norwood* , ou autres, comme dans *Oughtred* de la page 64 à 107.

Deuxièmement, et plus particulièrement, parce qu'une manipulation plus précise et plus approfondie est plus que promise, sinon déjà effectuée par des plumes plus compétentes, et un grand manuscrit de celui-ci par mes *Sires* . signifie , fourni il y a de nombreuses années, bien qu'à ce jour il n'existe pas de version imprimée ; c'est pourquoi, c'est pour lui que, prétendant m'y intéresser, j'ose vous présenter ces quelques lignes, afin d'en faciliter l'usage : Et d'abord notez,

1. Laquelle des deux branches est fixée au premier terme de la question, que j'appelle toujours la première branche, et l'autre étant fixée au second terme, j'appelle la seconde branche. . .

La nature exacte de l'appareil à « deux pattes » n'est pas décrite, mais il s'agissait probablement d'un compas plat, fixé à la surface métallique sur laquelle était tracée la ligne serpentine. Dans ce cas, l'instrument était une règle à calcul plutôt qu'une forme de ligne de Gunter. Dans sa publication de 1661, ainsi que dans des publications ultérieures, [13] John Brown a consacré plus d'espace aux échelles de Gunter, nécessitant l'utilisation d'un compas séparé, qu'aux règles à calcul.

CHANGEMENTS INTRODUITS PAR WILLIAM LEYBOURN

La même remarque s'applique à William Leybourn qui, après avoir parlé de la règle à calcul de Seth Partridge, revient aux formes de l'échelle de Gunter en disant : [14]

Il y a encore une autre manière de disposer cette Ligne de Proportion, en ayant une Ligne de toute la longueur de la Règle, et une autre Ligne de même Rayon brisée en deux parties entre 3 et 4 ; afin qu'en travaillant, vos boussoles ne sortent jamais de la ligne : c'est l'un des meilleurs appareils, mais ici, il faut utiliser des boussoles. Ce sont tous les artifices que j'ai vus jusqu'ici de ces lignes : ce dont je parle ici, et dont je vais montrer comment s'en servir, ce sont seulement deux lignes d'un seul et même rayon, placées sur une règle simple de n'importe quelle longueur (la plus grand est le mieux) ayant le début d'une ligne à la fin de l'autre, les divisions de chaque ligne étant si rapprochées les unes des autres, que si vous trouvez un nombre sur l'une des lignes, vous pouvez facilement voir quel nombre s'oppose à lui. sur l'autre ligne. C'est toute la Variation . . . .

Exemple 1. Si une planche mesure 1 pied 64 parties de large, quelle longueur de cette planche fera un pied carré ? Regardez l'une de vos lignes (peu importe laquelle) pour 1 pied 64 parties, et juste contre elle sur l'autre ligne, vous en trouverez 61 ; et tant de parties d'un pied feront un pied carré de cette planche.

Cet appareil résout l'équation $1{,}64\,x = 1$, donnant des parties centésimales d'un pied.

James Atkinson [15] parle de « l'échelle de Gunter » comme « généralement du buis. . . généralement 2 pieds de long, 1½ pouce de large » et « de deux sortes : *le Gunter long* ou *le Gunter simple* , et le *Gunter coulissant* . Il semble qu'au cours du XVIIe siècle (et bien après), la balance de Gunter était une rivale de la règle à calcul.

III.
LA GRAMMÉLOGIE DE RICHARD DELAMAIN

Nous commençons par un bref exposé des relations entre Oughtred et Delamain . À une époque, Delamain , professeur de mathématiques à Londres, était assisté par Oughtred dans ses études mathématiques. En 1630 , Delamain publie la *Grammelogia* , un pamphlet décrivant une règle à calcul circulaire et son utilisation. En 1631, il publia un autre traité, sur le *quadrant horizontal* . [16] En 1632 parut l'ouvrage de Shouldred *Circles of Proportion* [17] traduit en anglais du manuscrit latin d'Oughtred par un autre élève, William Forster, dans la préface duquel Forster accuse (sans nommer Delamain) qu'« un autre..... .. se préoccupa de la nouvelle invention. Cela a conduit à des disputes verbales et à la publication par Delamain de plusieurs ajouts à la *Grammelogia* , décrivant d'autres conceptions de règles à calcul circulaires et exposant également sa version de l'amère controverse, mais sans donner le nom de son antagoniste. Devrait *L'épître* a été publiée en réponse. Chaque combattant accuse l'autre d'avoir volé l'invention de la règle à calcul circulaire et du quadrant horizontal.

GRAMMELOGIA

Or, the Mathematicall Ring.

Extracted from the *Logarythmes*, and projected Circular: Now published
inlargement thereof unto any magnitude fit for use : shewing any rea-
able capacity that hath not *Arithmeticke*, how to resolve and worke
all ordinary operations of *Arithmeticke*:

And those that are most difficult with greatest facilitie, the ex-
on of *Rootes*, the valuation of *Leases*, &c the measuring of *Plaines* and S.
with the resolution of *Plaine* and *Sphericall Triangles* applied to the
Practicall parts of *Geometrie, Horologngraphic, Geographie,*
Fortification, Navigation, Astronomie, &c.

And that onely by an ocular inspection, and a Circular motion, Invent
first published, by *R. Delamain*, Teacher, and Student of the *Mathemat.*

Natura secreta tempus aperit.

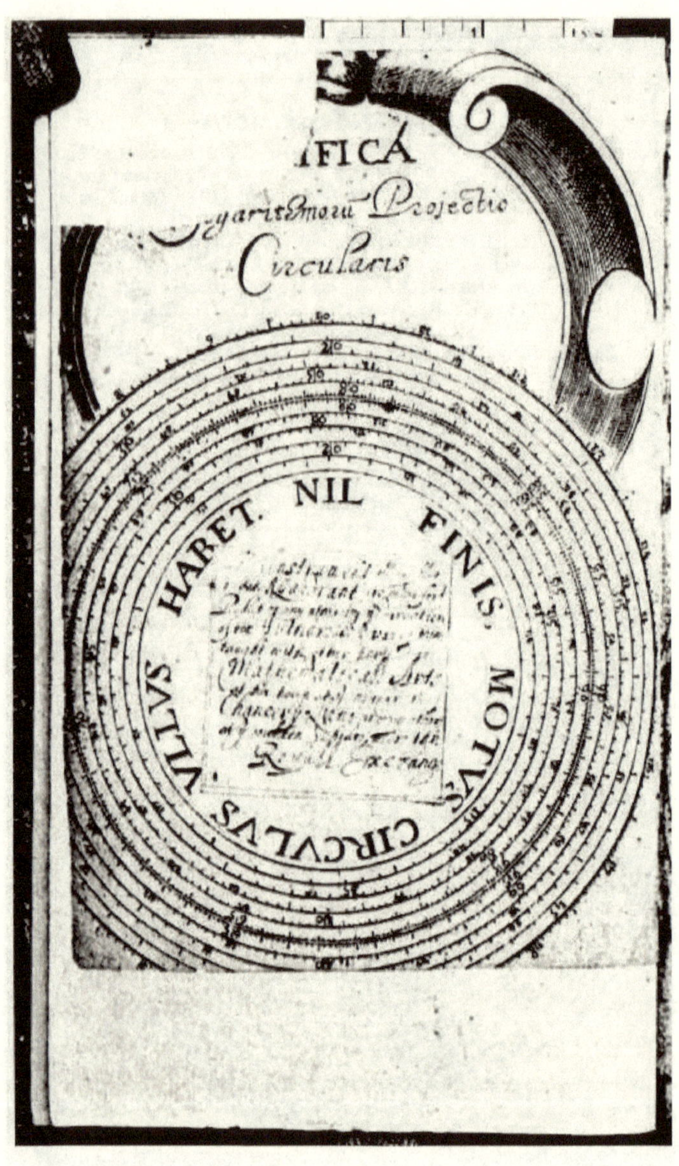

Les deux pages de titre de l'édition de la GRAMMELOGIA au British Museum de Londres que nous avons appelée « Grammelogia IV ».

DIFFÉRENTES ÉDITIONS OU IMPRESSIONS

Il existe au moins cinq éditions ou impressions différentes de la *Grammelogia* que nous désignons, par commodité, comme suit :

Grammelogia I , 1630. Un exemplaire conservé à la bibliothèque de l'Université de Cambridge. [18]

Grammelogia II , je n'en ai pas vu de copie.

Grammelogia III , un exemplaire conservé à la bibliothèque de l'Université de Cambridge. [19]

Grammelogia IV , Un exemplaire au British Museum, un autre à la Bodleian Library, Oxford. [20]

Grammelogia V , Un exemplaire conservé au British Museum.

Dans *Grammelogia I*, les trois premières feuilles et la dernière feuille sont sans pagination. Le premier feuillet contient la page de titre ; le deuxième feuillet, la dédicace au Roi et la préface « Au lecteur » ; la troisième feuille, la description de l' Anneau Mathématique . S'en suivent ensuite 22 pages numérotées. En comptant les pages non numérotées, il y a au total 30 pages dans la brochure. Seuls les trois premiers feuillets de ce pamphlet sont omis dans *les Grammelogia IV* et *V* .

Dans *Grammelogia III*, l' *Annexe* commence par une page numérotée 52 et porte le titre « Conclusion » ; il se termine par la page 68, qui contient les deux mêmes poèmes sur l'anneau mathématique qui sont donnés sur la dernière page de *Grammelogia I* mais diffère légèrement dans l'orthographe de certains mots. Les 51 pages qui devaient initialement précéder la page 52, nous ne les avons pas vues. L'édition qui les contient a été désignée *Grammelogia II* . La raison de l'omission de ces 51 pages ne peut être que conjecturale. Chez Shouldred *Épître* (p. 24), il est dit que Delamain avait donné un exemplaire de la *Grammelogia* à Thomas Brown, et que deux jours plus tard, Delamain demandait le retour de l'exemplaire, « parce qu'il y avait trouvé des choses à altérer » et "louez toute la partie médiane." Delamain s'efforça « de se rappeler tous les livres qu'il avait distribués (qui étaient nombreux) avant la vue de *Brownes Lines* ». Ces lignes en spirale devraient prétendre que Delamain avait volé Brown. La page de titre et la page 52 sont les seules parties de l' *Annexe* , *telles* que données dans *la Grammelogia III* , qui manquent dans les *Grammelogia IV* et *V*.

Grammelogia IV répond pleinement à la description du pamphlet de Delamain contenue dans l'ouvrage de Oughtred. *Épître* . Il a été publié en 1632 ou 1633, car ce qui semble être la dernière partie contient une référence (page 99) à la *Grammelogia I* (1630) comme étant « passée depuis plus de deux ans ». De plus, il fait référence à l'ouvrage de Shouldred *Circles of Proportion* , 1632, et la réponse de Oughtred dans l' *épître* était reliée dans les *Circles of Proportion* ayant l' *ajout* de 1633. Pour plus de commodité , nous numérotons les deux pages de titre de *Grammelogia IV* , « page (1) » et « page (2) », comme le fait Oughtred dans son *épître* . *Grammelogia IV* contient donc 113 pages. Les numéros de page que nous attribuons seront placés entre parenthèses, pour les distinguer des numéros de page *imprimés* dans *Grammelogia IV* . Les pages (44) à (65) sont les mêmes que les pages 1 à 22, et les pages (68) à (83) sont les mêmes que les pages 53 à 68. Ainsi, seules trente-huit pages comportent des numéros de page imprimés. Les pages (67) et (83) sont rédigées de manière identique, à l'exception de quelques erreurs d'imprimerie ; ils contiennent des vers faisant l'éloge de l' *Anneau* et portent en bas le mot « Finis ». De plus, les pages (22) et (23) sont ensemble identiques dans leur formulation à la page (113), qui est rédigée en caractères plus fins, contenant une publicité d'une partie de la Grammelogia IV expliquant le mode de graduation des *règles circulaires* . Il y a au total six parties de *Grammelogia IV* qui commencent ou se terminent par une adresse au lecteur, ainsi : « Au lecteur », « Lecteur courtois » ou « Au lecteur courtois et bienveillant ». . .», à savoir les pages (8), (22), (68), (89), (90), (108). Dans son *épître* (page 2), Oughtred caractérise la composition du livre dans les termes suivants :

> En le lisant. . . J'ai rencontré un tel patchwork et une telle confusion de mécontents stuffe , que j'ai été frappé d'un nouvel émerveillement, qu'un homme soit assez simple pour se faire honte au monde avec un tel fatras.

Grammelogia V diffère de *Grammelogia IV* en ce qu'elle n'a que la deuxième page de titre. La première page de titre a peut-être été arrachée de l'exemplaire que j'ai vu. Une deuxième différence est que la page avec le chiffre 22 imprimé dans *Grammelogia IV* porte après le mot « Finis » la mention suivante :

> Cet instrument est fabriqué en argent, ou en laiton pour la poche, ou en toute autre grandeur , face à l'église Saint-Clément sans Temple Barre, par Elias Allen.

Cet avis apparaît également à la page 22 de *Grammelogia I* et *III* , mais est omis de la page 22 de *Grammelogia V* .

DESCRIPTION DE L'INSTRUMENT DE DELAMAIN DE 1630

Dans son discours au roi Charles Ier, dans sa *Grammelogia I* , Delamain souligne la facilité d'utilisation de sa règle à calcul en déclarant qu'elle est « propre à l'usage ». . . aussi bien à cheval qu'à pied. S'adressant « au lecteur », il déclare qu'il a « enseigné les mathématiques dans cette ville pendant de nombreuses années » et qu'il s'est efforcé d'améliorer l'échelle de Gunter « par un certain mouvement, afin que l'ensemble des logarithmes puisse se déplacer proportionnellement à l'échelle de Gunter. autre, selon l'occasion. C'est cette vanité que j'ai abordée en février dernier [1629] et j'ai ainsi composé ma *Grammelogia* ou *Mathematicall Ring* ; par lequel seulement avec une *inspection oculaire* , on a en un instant toutes les proportions à travers ledit corps de Nombres. Il date sa préface du « premier janvier 1630 ». Les cinquième et sixième pages contiennent sa « Description de la Grammelogia », le terme *Grammelogia* étant appliqué à l'instrument ainsi qu'au livre. Sa description est la suivante :

> Les parties de l'instrument sont deux cercles, l'un mobile et l'autre fixe ; Le mobile est celui auquel est attachée une petite épingle pour le mouvoir ; l'autre Cercle peut être conçu comme étant fixe ; La circonférence du Cercle mobile est divisée en parties inégales , caractérisées par des chiffres ainsi, 1. 2. 3. 4. 5. 6. 7. 8. 9. ces chiffres se représentent eux-mêmes, ou de tels nombres auxquels un ou plusieurs chiffres sont ajoutés et varient selon l'occasion dans *le discours des Nombres* , ainsi 1. représente 1. ou 10. ou 100., etc. le 2. signifie 2. ou 20. ou 200. ou 2000., etc. le 3. signifie 30. ou 300. ou 3000., etc.

Après avoir élaboré ce dernier point et expliqué les subdivisions décimales sur les échelles du cercle mobile, il dit que « les nombres et les divisions sur le cercle fixe sont les mêmes que sur les mobiles . .» Il n'y a pas de dessin de la règle à calcul dans cette publication. Les vingt-deux pages numérotées expliquent les différentes utilisations possibles de l'instrument : « Comment exécuter la Règle d'or » (pp. 1-3), « Autres utilisations de la Règle d'or » (pp. 4-6).), « Notions ou principes touchant la disposition ou l'ordre des nombres de la Règle d'or à leur véritable place sur la Grammelogia » (pp. 7-11), « Comment diviser un nombre par un autre » (pp. 12, 13) , « multiplier un nombre par un autre » (pp. 14, 15), « trouver des nombres en proportion continue » (pp. 16, 17), « Comment extraire la

racine carrée », « Comment extraire la racine cubique » (pp. 18-21),
« Comment appliquer la règle d'or » (la règle de proportion) est expliqué
ainsi :

> Cherchez le premier nombre dans le mobile, et amenez-le au deuxième
> nombre dans le fixe, ainsi juste contre le troisième nombre dans le
> mobile, est la réponse dans le fixe.

> Si l'intérêt de 100. li. être 8. li. dans l' année , quel est l'intérêt de 65. li.
> pour le même temps.

> Ramenez 100. dans le mobile à 8. dans le fixe, donc juste contre 65.
> dans le mobile soit 5,2. dans le fixe, et l'intérêt est de 65 li. pour l' année
> à 8. li. pour 100. li. *par an* .

> L' *instrument* non enlevé, vous pouvez à un instant avoir droit contre
> n'importe quelle somme d'argent en meuble, voir l'intérêt de celle-ci en
> fixe : la raison en est de la *définition des logarithmes* .

Ce sont les premières instructions imprimées connues sur l'utilisation
d'une règle à calcul. On remarquera que la description de l'instrument en
ouverture ne fait aucune référence aux droites logarithmiques pour les
fonctions trigonométriques ; seule la ligne de chiffres est donnée.
Pourtant, la page de titre promettait la « résolution des triangles de Plaine
et Sphericall ». La page 22 éclaire ce sujet :

> S'il y a trois cercles d'égale épaisseur , ABC de sorte que le bord intérieur
> de D [devrait être B] et le bord extérieur de A, l'abeille est graduée en
> conséquence avec *Logarithmall signes* [sinus], et le bord extérieur de B et
> le bord intérieur de A avec *des logarithmes* ; puis au verso, graduez les
> *Tangentes Logarithmall* , et encore une fois le *Logarithmall signes*
> contrairement aux graduations précédentes, il sera adapté à la résolution
> des *Triangles Plaine* et *Sphérique* .

Après douze lignes de remarques supplémentaires sur ce point, il ajoute :

> C'est pourquoi, de par sa forme , je l'ai appelé *Ring* , et *Grammelogia* par
> annoligie d'un *discours linéaire* ; quel *anneau* , s'il était projeté dans le *convexe*
> jusqu'à deux mètres *de diamètre* , ou à peu près, et la ligne *décuplée* , cela
> fonctionnerait *Trigonométrie* jusqu'aux secondes, et donner *des nombres*

proportionnels à six places seulement par une *inspection oculaire* , ce qui compenserait *Les calculs astronomiques* suffisent pour la *prosthaphérèse* des mouvements : mais de cela, Dieu donnera la vie et la capacité à la santé et au temps.

La page non numérotée suivant la page 22 contient le brevet et le droit d'auteur sur l'instrument et le livre :

Attendu que Richard Delamain , professeur de mathématiques , a présenté à Vs un instrument appelé Grammelogia , ou The Mathematicall Ring, ainsi qu'un livre ainsi intitulé , exprimant l'usage de celui-ci, étant sa propre invention ; nous, de notre gracieuse et princière faveur , avons accordé audit Richard Delamain et à ses ayants droit un privilège, une licence et une autorité pour la fabrication, l'impression et la vente exclusives desdits instruments et livres : interdisant formellement à quiconque de fabriquer, d'imprimer ou de Vendre, ou faire fabriquer, ou imprimer, ou vendre, ledit instrument ou livre dans l'un de nos domaines, pendant l'espace de dix ans suivant la date des présentes, sous peine de notre plus grand mécontentement. Donné sous notre seing et cachet en notre Palais de Westminster, le quatrième jour de janvier, de la sixième année de notre Raigne .

DE DELAMAIN ET LES INSTRUCTIONS D'UTILISATION DE SES INSTRUMENTS

Dans l' *annexe* de *Grammelogia III* , à la page 52, on trouve une description d'un instrument promis vers la fin de *Grammelogia I* :

Ce que j'ai autrefois livré n'a été que sur un des *Cercles* de mon *Anneau* , concernant simplement *les Proportions Arithmétiques* , j'aborderai en guise de *Conclusion* quelques utilisations des *Cercles* , des *Logarithmes Sinus* et *des Tangentes* , qui sont placés sur le bord. des *Cercles mobiles et fixes* de l' *Anneau* en ce qui concerne *les Proportions Géométriques* , mais d'abord de la description de ces *Cercles* .

Premièrement , du côté où le *Cercle des Nombres* est un, sont gradués sur le bord du mobile, et aussi sur le bord du fixe les *Logarithmall Sinus* , car si vous amenez 1. dans le mobile parmi les *Nombres* à 1. dans le fixe, vous pouvez sur l'autre bord du mobile et du fixe voir les *sinus* notés ainsi 90. 90. 80. 80. 70. 70. 60. 60. &c. à 6.6. et chaque degré subdivisé, puis sur les anciennes divisions et chiffres 90. 90. 80. 80. 70. 70. &c. vous avez les autres diplômes, à savoir. 5. 4. 3. 2. 1. chacun d'eux divisé par de petits points.

Deuxièmement, (si l' *anneau* est grand), près du bord extérieur de ce côté de la partie fixée contre les *nombres*, se trouvent les divisions habituelles d'un *cercle* et les pointes de la *boussole* : servant à l'observation en *astronomie* ou en *géométrie*, et aux vues. appartenant à ces divisions, peuvent être placés sur le *Cercle mobile*.

Troisièmement, à l'opposé de ces *sinus* de l'autre côté se trouvent les *tangentes logarithmiques*, notées de la même manière dans le mobile et le fixe donc 6.6.7.7.8.8.9.9.10.10.15.15.20.20. etc. à 45h45. quels nombres ou divisions servent aussi pour leurs *Compléments* à 90. donc 40 gr. représente 50. gr. 30.gr. pour 60 gr. 20.gr. pour 70. gr. etc. ici, chaque degré, tant mobile que fixe, est également divisé en parties. Quant aux diplômes inférieurs à 6, à savoir. 5.4.3.2.1. ils sont notés en petits chiffres sur ce *Cercle divisé* de 45.40.35.30.25. etc. et chacun de ces degrés est divisé en parties par de petits points, tant dans le mobile que dans le fixe.

Quatrièmement, de l'autre côté du mobile du même côté se trouve une autre graduation de *Tangentes*, comme celle précédemment décrite. Et en face, dans le fixe se trouve une graduation *du logarithme de tous les sinus* dans tout ce qui répond à la première description des sinus de l'autre côté.

Cinquièmement, sur le bord de l' *Anneau* est graduée une partie de l' *Équateur*, numérotée ainsi de 10 20. 30. à 100. et là sont rattachés les degrés du *Méridien*. agrandi et numéroté ainsi 10 20,30 à 70. chaque degré de l' *Équateur* et du *Méridien* est subdivisé en parties ; ces deux *Cercles gradués* servent à résoudre les *Questions* qui concernent *Latitude*, *Longitude*, *Rumb* et *Distance*, dans les opérations *Nauticall*.

Sixièmement, au concave de l' *anneau* peut être ajouté un *cercle* qui peut être élevé ou abaissé pour n'importe quelle *latitude*, représentant l' *Équateur*, et ainsi divisé en heures et parties avec un *axe*, pour montrer à la fois l' *heure* et *l'azimut*, et à l'intérieur de ce *cercle*. On peut suspendre une *boîte* et une *aiguille* avec une douille pour qu'un *bâton* puisse y glisser, et celle-ci est accompagnée de *pins pour* l'attacher à l' *anneau* et *au bâton*, ou pour l'enlever à volonté.

Les pages portant les numéros imprimés 53-68 dans les *Grammelogia III* , *IV* et *V* ne font aucune référence au différend avec Oughtred et peuvent donc être considérées comme ayant été publiées avant la parution du livre de Oughtred. *Cercles de proportions* . À la page 53, « Au lecteur », il dit :

> . . . vous pouvez vous servir de la Projection des *Cercles* de l' *Anneau* sur une *Plaine* , en ayant les pieds d'un compas (mais de manière qu'ils soient plats) pour vous déplacer sur le *Centre* de cette *Plaine* , et ces pieds pour s'ouvrir et se fermer comme une paire de *boussoles* . . . maintenant, si les pieds sont ouverts à deux termes ou nombres quelconques dans cette *projection* , alors vous pouvez déplacer le premier pied vers le troisième nombre, et l'autre pied donnera la *réponse* ; . . . il a plu à certains d'utiliser cette voie. Mais en cela il y a un double travail par rapport à celui de l' *Anneau* , l'un pour ajuster ces pieds aux numéros assignés, et l'autre pour les déplacer, dans lequel un homme peut difficilement loger l' *Instrument* d'une main et exprimer . les *proportionnels* par écrit avec l'autre. Par l' *Anneau,* vous n'avez qu'à amener un nombre à un autre, et juste contre tout autre nombre se trouve la *Réponse* sans un tel mouvement . . . . sur cela [l'Anneau] j'écris, montrant quelques utilisations de ces *Cercles* entre eux et en conjonction avec d'autres. . . en *Astronomie* , *Horolographie* , en plaine *Triangles* appliqué aux *Dimensions* , *Navigation* , *Fortification* , etc . . . Mais avant d'en venir à *la Construction* , j'ai jugé utile, en guise d'introduction, d'examiner la vérité sur la graduation de ces *Cercles* . . .

Ce sont les mots d'un homme pratique, intéressé par le développement mécanique de son instrument. Il considère non seulement les questions de commodité mais aussi d'exactitude. L'instrument a, ou peut avoir maintenant, également des lignes de sinus et de tangentes. Pour tester l'exactitude des cercles des Nombres, « apportez n'importe quel nombre dans le mobile à la moitié de ce nombre dans le fixe : ainsi tout nombre ou partie du fixe donnera son double dans le mobile, et ainsi vous pourrez essayer les tiers. , quarts &c. des nombres, *vel contra* », (p. 54). À la page 55, vous trouverez deux petits dessins, intitulés « Un type de sonnerie et un schéma de cette projection logarithmique , dont l'utilisation suit ». Ces instruments sont fabriqués en argent ou en laiton par John Allen près du Sauoy dans le Strand.

IV.
CONTROVERSE ENTRE OUGHTRED ET DELAMAIN SUR L'INVENTION DE LA RÈGLE À CALCUL CIRCULAIRE

de Delamain en 1630 sur le « Mathematicall Ring » ne semble pas à cette époque avoir provoqué une rupture entre lui et Oughtred . Lorsqu'en 1631 Delamain publia son *Quadrant Horizontal* , dont Delamain fut ensuite accusé d'avoir volé l'invention d' Oughtred , Delamain était toujours en contact étroit avec Oughtred et envoyait à Oughtred à Arundell House, Londres, les feuilles telles qu'elles étaient imprimées. La référence de Shouldred à cela dans son *épître* (p. 20) écrite après la rupture de l'amitié est la suivante :

> Pendant qu'il imprimait son traité sur le quadrant horizontal , bien qu'il ne pouvait que savoir que cela me nuisait en ce qui concerne mon don gratuit à Maître *Allen* et à *William Forster* , dont la traduction de mes règles était alors sur le point de paraître : Pourtant, ma bonne nature et son impudeur étaient telles que chaque jour, dès qu'une feuille était imprimée, il m'envoyait ou l'apportait dans ma chambre dans la maison d'Arundell pour la lire, ce que je faisais avec amour et naïveté, et lui donnais mon jugement. de celui-ci.

Même après la publication par Forster de l'ouvrage de Oughred *Cercles de proportion* , 1632, Oughtred avait un livre, *Un canon des sinus tangentes et sécantes* , qu'il avait emprunté à Delamain et qu'il lui rendait ensuite (*Épître* , page (5)). Les attaques que Forster, dans la préface des *Cercles de proportions* , lança contre Delamain (sans toutefois le nommer) déclenchèrent la querelle. Sans Forster et d'autres élèves d' Oughtred qui l'avaient poussé à fustiger Delamain , la controverse n'aurait peut-être jamais éclaté. Forster s'exprime en partie ainsi :

> . . . étant au moment des longues vacances de 1630, à la campagne, chez le révérend et mon très digne ami et professeur, M. William Oughtred (à l'instruction duquel je dois à la fois mon initiation et tout progrès dans ces sciences .) À l' occasion d'un discours, je lui ai parlé d'une règle des nombres, des sinus et des tangentes, dont on avait parlé pour la fabriquer (comme on l'appelle habituellement la règle de M. Gunter) de 6 pieds de long, à utiliser avec un payre de compas à faisceau . « Il répondit que c'était une piètre invention, et que l'exécution était très gênante : Mais, dit-il, voyant que vous êtes pris avec une telle mécanique . manières d'instruments, je vais vous montrer quelles deuisons j'ai eu

pendant ces nombreuses années . Et d'abord, il m'apporta deux règles
de cette sorte, à utiliser en les appliquant l'une à l'autre, sans aucun
compas ; puis il me montra ces lignes tracées dans un cercle ou un
anneau, avec un autre cercle mobile dessus . Je vois la grande rapidité
de ces deux voies ; mais surtout de ce dernier, où il est farre excelle tout
autre instrument connu ; je lui ai dit, je me demandais s'il pouvait durer
autant d'années cacher un tel use des influences , non seulement du
monde, mais de moi -même , à qui, dans d'autres parties et mystères de
l'art, il avait été si libéral . Il répondit : « Que la vraie voie de l'art n'est
pas par les instruments, mais par la démonstration ; et que c'est une
démarche absurde de professeurs vulgaires que de commencer par les
instruments, et non par les sciences, et ainsi à la place des artistes, pour
font de leurs Scholler seulement des faiseurs de tours, et comme des
Iuglers : au mépris de l'art, à la perte d'un temps précieux et à la trahison
d' un esprit volontaire et travailleur, à l' ignorance et à l'oisiveté . Que l'
usage des instruments est certes excellent, si l'on est artiste, mais
méprisable, étant donné et opposé à l'art. Et enfin qu'il voulait me
recommander l'habileté des instruments, mais qu'il voulait d'abord me
faire bien instruire dans les sciences. Il m'a également montré de
nombreuses notes et règles pour l' utilisation de ces cercles et de son
instrument horizontal (qu'il avait projeté environ 30 ans auparavant), la
plupart écrites en latin . Tout ce que j'ai obtenu de lui, je peux le traduire
en anglais et le rendre public , à l'usage et au profit de ceux qui étaient
studieux et locataires de ces excellentes sciences.

Ce que pendant que j'allais faire avec un soin mûr et diligent (comme
mes occasions me le permettaient) : un autre à qui l'auteur, dans une
confiance louable , découvrit cette intention, utilisant plus de hâte que
de bonne célérité, commença à s'occuper ; dont la naissance prématurée
et la prévoyance (sinon circonstanciée) d'avance , je n'en dis pas plus :
mais conseillez le lecteur studieux, seulement dans la mesure où il peut
faire confiance, car il sera sûr qu'il est d'accord avec la vérité et l'art.

Alors que dans cette dédicace il est fait référence à une règle à calcul ou
« anneau » avec un « cercle mobile », l'instrument effectivement décrit
dans les *Cercles de proportions* est constitué de cercles fixes « avec un *index*
qui s'ouvre à la manière d'une paire de compas . .» Delamain , on l'a vu,
avait une préférence marquée pour le cercle mobile. Pour Oughtred , en
revanche, un design était à peu près aussi bon que l'autre ; il était plutôt
théoricien et exprimait à plusieurs reprises son mépris pour les instruments
mathématiques. Dans son *Épître* (page (25)), il dit qu'il n'avait pas « la
moitié de mes intentions dessus » (la règle de son livre), ni un avec « un
cercle mobile et un fil, mais avec un index d'ouverture à le centre (si c'est

le cas, il y a suffisamment de raisons pour que ce ne soit pas le même, mais un autre Instrument) pour ma part je le désavoue : il peut aller chercher un autre Maître : qui, je le sais, se révélera être *Elias Allen* lui-même : car à sa demande seulement j'ai modifié un peu mes règles depuis l'usage du cercle mobile et du fil jusqu'aux deux bras d'un index.

Toutes les pièces de Delamain *Grammelogia IV* , à l'exception des pages 1-22 et 53-68 considérées ci-dessus, ont été publiées après les *Cercles de proportion* , car elles contiennent des références aux mauvais traitements que Delamain a ressenti ou fait croire qu'il a ressenti, qu'il avait reçu dans le livre publié par Devrait et Forster. La référence de Shouldred aux professeurs dont les savants sont des « faiseurs de tours », des « Iuglers », et l'allusion de Forster à « un autre à qui l'auteur dans une confiance affectueuse » a expliqué l'instrument et qui « s'est mis à s'en préoccuper », sont mentionnées à plusieurs reprises. Delamain dit (page (89)) qu'au début il n'avait pas l'intention de s'exprimer par écrit, « mais qu'il recherchait la paix et mon droit par une voie privée et amicale ». Le récit que fait Shouldred du parcours de Delamain est celui d'un « homme de mauvaise humeur » doté d'une « langue virulente », d'un « rire sardonique » et d'une « maladresse » . Opposant Forster et Delamain , il dit que, du premier, il « a eu le tout premier moulage » et lui a fait sentir que « la voie de l'Art » est « par démonstration ». Mais Delamain était « déjà corrompu par le travail sur les instruments, et tout à fait perdu à l'idée d'être jamais devenu artiste ». (*Épître* page (27)). Oughtred affirme à plusieurs reprises l'ignorance de Delamain en mathématiques. Les deux hommes avaient évidemment des prédilections intellectuelles totalement différentes. Il est évident que Delamain aimait les instruments et nous décrivons ses efforts pour améliorer la règle à calcul circulaire.

La *Grammelogia IV* est dédiée au roi Charles Ier. Delamain dit :

> . . . Tout a son commencement, et *les arts curieux* on arrive rarement à la hauteur au début ; J'avais alors promis d'élargir l' *invention* en décupulant *les Cercles* , que je présente maintenant à Votre *Majesté sacrée* comme la *quintessence* et *l'excellence* là de . . .

Ses règles circulaires agrandies sont illustrées dans la copie de la *Grammelogia IV de la Bibliothèque Bodleian* par quatre diagrammes, deux d'entre eux étant les deux dessins sur les deux pages de titre au début de la *Grammelogia IV* , 4 pouces de diamètre externe, et présentant onze règles circulaires concentriques. lignes portant des graduations de différentes sortes. Dans le second de ces modèles, tous les cercles sont fixes. Les deux autres dessins mesurent chacun 10¾ pouces de diamètre extérieur et présentent 18 lignes circulaires concentriques ; la feuille pliée du premier de ces dessins est insérée entre les pages (23) et (24), la deuxième feuille pliée entre les pages (83) et (84). Tous les cercles de ce deuxième instrument sont fixes. En comptant dans les deux petits dessins de *la Grammelogia III* , il y a dans l'ensemble six dessins de règles à calcul dans la *Grammelogia IV bodléienne* . Aux pages (24) à (43) Delamain explique la gradation des règles à calcul. Il prend d'abord une règle qui comporte un cercle de parties égales, divisé en 1000 divisions égales. À partir d'un tableau de logarithmes , il obtient log 2 = 0,301 ; à partir du nombre 301 dans le cercle à parties égales, il trace une ligne jusqu'au centre du cercle et marque l'intersection avec les cercles de nombres par le chiffre 2. Il procède ainsi avec bûche 3, bûche 4, et ainsi de suite ; également avec log sin x et log tan x . Pour log sin x il utilise deux cercles, le premier (voir page (27)) pour les angles de 34' 24" à 5° 44' 22", le deuxième cercle de 5° 44' 22" à 90°. Les dessins ne montrent pas les secondes. Il suggère de nombreuses conceptions différentes de règles. À la page (29), il dit :

Pour la projection unique des *Cercles de mon Anneau* , et leur division et graduation : qui peuvent être ainsi insérés sur les bords des *Cercles* de courage tournés en forme d'*Anneau* , afin qu'un *Cercle* puisse se déplacer entre deux fixes, à l'aide de deux baleines , alors peut être gradué sur la *face de l'Anneau* , sur le bord extérieur du mobile et sur le bord intérieur du fixe, le *Cercle des Nombres* , puis sur le bord intérieur de ce mobile. *Cercle* , et le bord extérieur de ce Cercle fixe intérieur peut être inséré le *Cercle des Sinus* , et ainsi selon la description de ceux qui sont habituellement faits.

En plus de ces lignes , il mentionne ensuite le cercle donnant la division ordinaire en degrés et minutes, et deux cercles de tangentes de l'autre côté de la règle.

Delamain explique ensuite une disposition de toutes les graduations sur un côté de la règle au moyen « d'un petit canal dans le *cercle fixe le plus intérieur* , dans lequel peut être placé un petit index unique, qui peut avoir une longueur suffisante pour atteindre du bord le plus intérieur de la règle. le *Cercle Mobile* , jusqu'au bord le plus extérieur du *Cercle fixe* , qui peut être déplacé d'avant en arrière à volonté, dans le canal , lequel Index peut servir à montrer l'opposition des Nombres » (p. (31)). Il ressort clairement de cela que l'invention du « coureur » remonte aux tout premiers auteurs de la règle à calcul.

Après avoir décrit une modification de l'arrangement ci-dessus, il ajoute :
« bien d'autres formes pourraient être délivrées , autour de cette seule
projection » (p. (32)).

En procédant à « l'agrandissement » des cercles de l'Anneau, jusqu'à,
disons, au « *Quadruple* de ce qui est unique, c'est-à-dire quatre fois plus
grand », les « parties égales » sont réparties sur quatre cercles au lieu d'un
seul cercle, mais la méthode générale de graduation est la même que
précédemment (p. (33)) ; il y a maintenant quatre cercles portant les
logarithmes des nombres, et ainsi de suite. Il souligne ensuite « plusieurs
Comment les cercles de l' anneau mathématique (en cours
d'agrandissement) peuvent être adaptés pour une utilisation pratique : »
(1) Les cercles sont tous fixés dans un cadre simple et des compas plats
mobiles (ou mieux, un demi-cercle mobile) sont utilisés pour fixer deux
positions quelconques. ; (2) Il y a une « double projection » de chaque ligne
logarithmique « agrandie sur une plaine », l'une fixe, l'autre mobile, comme
le montre sa première figure de la page de titre, un seul index étant utilisé
; (3) l'utilisation de « mon grand *Cylindre* que j'ai proposé depuis longtemps
(dans lequel tous les Cercles sont égaux) » grandeur ,) et il peut être fait de
n'importe quelle grandeur ou capacité, mais pour une étude (cela sera à la
charge) il peut avoir un diamètre d'un mètre et une longueur si indifférente
qu'il peut contenir 100 cercles ou plus fixés parallèlement les uns aux
autres sur le *cylindre* , ayant un espace entre chacun d'eux, de sorte qu'il
puisse y avoir autant de cercles mobiles qu'il y a de cercles fixes, et ceux-
ci étant liés ou attachés ensemble, de sorte qu'ils puissent tous se déplacer
ensemble . par les fixes dans ces espaces, dont les bords fixes et mobiles
étant gradués à l'aide d'un seul index montreront les proportionnelles par
opposition dans cette double *projection* , ou par un double *index* dans une
seule *projection* » (p. (36)).

Suit ensuite la description détaillée de son Anneau « sur une Plaine, selon
le schéma qui fut donné au Roi (pour une vue de cette projection) et
ensuite de l'Anneau lui- même ». Le diagramme est le grand que nous
avons mentionné comme inséré entre les pages (23) et (24). L'instrument
comporte deux cercles, dont un mobile, sur chacun desquels sont décrites
13 graduations circulaires distinctes. Les lignes sur le cercle fixe sont : « Le
Cercle des degrés et du calendrier », E. « Cercle de parties égales , et une
partie de l'Équateur et du Méridien », TT. « Le cercle des tangentes », S. «
Le cercle des sinus », D. « Le cercle des décimales », N. « Le cercle des
nombres ». Les lignes sur le cercle mobile sont : N. « Le Cercle des
Nombres », E. « Le Cercle des figures et des corps égaux », S. « Le Cercle

des Sinus », TT. «Le Cercle des Tangentes», Y. «Le Cercle du temps, des années et des monnaies .»

Aux pages (84)-(88) Delamain explique un agrandissement de son Ring pour des calculs impliquant les sinus d'angles proches de 90°. À la page (86), il dit :

> J'ai continué les *sinus* de la *projection* jusqu'à deux *révolutions* , celle commençant à 77.gr. 45.m. 6.s. et se termine à 90.gr. (étant la dernière *révolution* de la *décuplation* de la première, ou la cent partie de cette *Projection*) l'autre commençant à 86.gr. 6.m. 48.s. et se termine à 90.gr. (étant le dernier d'un ternaire de *révolutions décuplées* , ou les mille parties de cette *projection*) et peut être ainsi utilisé.

Il explique la manière d'utiliser ces graduations supplémentaires. Il prétend ainsi avoir atteint des degrés de précision qui lui ont permis de faire ce que « quelqu'un » avait déclaré « impossible à faire ». Il est à peine nécessaire de souligner que la proposition de Delamain *Grammelogia IV* suggère des modèles de règles à calcul que les inventeurs s'efforçaient de produire deux cents ans plus tard ou plus. Lequel de Delamain des conceptions de règles ont été réellement créées et utilisées, il ne le déclare pas explicitement. Il fait référence à une règle de 18 pouces de diamètre comme si elle avait été réellement construite (pages (86), (88)). Shouldred n'a montré aucune appréciation pour une telle étude dans la conception et a ridiculisé les efforts de Delamain dans son *épître* .

Des éclaircissements supplémentaires sur ses conceptions de règles, ainsi que des explications sur les relations de son travail avec celui de Gunter et Napier, et des sorties dirigées contre Oughtred et Forster, sont contenues dans les pages (8) à (21) de sa *Grammelogia IV* .

V.
INDÉPENDANCE ET PRIORITÉ DE L'INVENTION

La question de l'indépendance et de la priorité de l'invention est abordée par Delamain plus particulièrement aux pages (89)-(113) ; Shouldred y consacre toute son *épître* . Il est difficile de déterminer avec certitude quelle publication est la plus récente, celle de Delamain *Grammelogia IV* ou Oughtred *Épître* . Chacun semble citer l'autre. L'explication est probablement que les deux publications contiennent des arguments qui étaient auparavant transmis d'un antagoniste à l'autre de bouche à oreille ou par lettre privée. Shouldred fait référence dans son *Épître* (p. (12)) à une lettre de Delamain . Nous pensons que l' *épître* est postérieure à celle de Delamain. *Grammologie IV* . Delamain revendique l'invention de la règle à calcul circulaire. Il dit dans sa *Grammelogia IV* . (p. (99)), « quand j'en eus la vue, c'était en *février* 1629 (comme je l'ai précisé dans mon *épître*), je ne pus le cacher plus longtemps, m'enviant moi -même , que les autres ne goûtaient pas à ce qui J'ai trouvé qu'il portait avec lui un [goût] de chèvre si délicieux et si agréable . . .» Delamain affirme (sans preuve) que Shouldred « ne l'a jamais vu tel qu'il le conteste maintenant comme étant son invention, jusqu'à ce qu'il soit ainsi mis à sa portée, et qu'il a fait toute sa pratique là-dessus après la publication de mon *Booke* on my *Ring* ». et pas avant ; il était donc facile pour lui ou pour un autre d'en écrire quelques utilisations en latin après Noël 1630 et non dans le Sommer *avant* , comme le prétend à tort quelqu'un . . .» (p. (91)). L'accusation de vol portée par Delamain de la part d' Oughtred ne peut être sérieusement prise en considération. La réputation de mathématicien de Ghtred et sa position dans sa communauté devraient aller à l'encontre d'une telle supposition. De plus, William Forster est un témoin pour Oughtred . Le fait que Oughtred maîtrisait également la règle à calcul rectiligne, alors que Delamain en 1630 ne parle que de la règle circulaire, pèse dans l'opinion de Oughtred. faveur .

Shouldred dit qu'il a inventé la règle à calcul "plus de douze ans agoe », c'est-à-dire vers 1621, et « J'ai fait de ma propre main deux de ces cercles, que j'ai utilisés depuis lors, selon mes occasions » (*Épître* p. (22)). Sur la même page, il décrit ainsi son mode de découverte :

J'ai trouvé qu'il fallait beaucoup trop de boussoles [pour utiliser la ligne de Gunter], qui seraient difficiles à ouvrir, susceptibles de glisser et difficiles à utiliser. J'ai donc d'abord imaginé d'avoir une autre règle avec la première : et ainsi , en plaçant et en appliquant l'une à l'autre, j'ai non seulement supprimé l'usage des compas, mais j'ai également rendu le travail beaucoup plus facile et plus rapide : alors que je ne devais pas le faire. tous ont besoin du mouvement de ma main, mais seulement du coup d'œil à ma vue : et avec une position des dirigeants et la vue de mon œil, je vois non pas une seule , mais les multiples proportions liées à la question envisagée. Mais cependant cette facilité ne manquait pas non plus de difficulté, surtout dans la ligne des tangentes, lorsqu'un arc se trouvait dans le premier milieu du quadrant, et l'autre dans le second : car dans ce cas il était nécessaire que l'une ou l'autre des règles soit aussi longue que possible . encore une fois comme l'autre; ou bien qu'il me faut recourir à l'inversion du Règle et à la régression. Par cette considération, j'ai d'abord vu que si ces lignes sur les deux règles étaient infléchies en deux cercles, celle des tangentes étant dans les deux doublée, et que ces deux cercles devraient se déplacer l'un sur l'autre ; eux, avec un petit fil au centre pour diriger la vue, suffiraient avec une facilité incroyable et merveilleuse pour traiter toutes les questions de trigonométrie. . .

Shouldred a déclaré qu'il n'avait aucune envie de publier son invention, mais pendant les vacances de 1630, il a finalement promis à William Forster de le laisser en publier une traduction. Shouldred affirme que Delamain a obtenu l'invention de lui à Alhallontide [1er novembre] 1630, lors de leur rencontre à Londres. Nous présentons les comptes rendus de cette réunion en double colonne.

DÉCLARATION DE DELAMAIN
Grammologie IV, page (98)

« . . . à propos d'Alhalontide 1630. (comme nos *auteurs* rapporte) c'est à ce moment-là qu'il a été *contourné* , puis *il m'a ouvert son intention d'une manière aimante (comme auparavant)* , que je vais particulièrement démonter dans la vérité toute nue : car, nous marchions ensemble quelques semaines avant *Noël* , sur *Fishstreet Hill* , nous avons discuté de diverses choses *mathématiques* , tant *théoriques* que pratiques , et des excellentes inventions et aides qui ont été produites ces jours- ci , parmi lesquelles j'ai été assez impressionné par celle des *Logarythmes* , louant grandement l' ingéniosité de M. Gunter dans la *Projection* , et inventant sa *Règle* , dans les lignes de proportion, extraites de ces *Logarythmes* pour *les usages Pratiques ordinaires* ; Il m'a répondu (dans ces mêmes mots) Que diriez - vous d'une *invention* que j'ai, qui, dans une moindre mesure des *boussoles* , fonctionnera plus fidèlement que celle de M. *Gunters Ruler* , je lui ai alors demandé de quelle forme il s'agissait, il répondit avec une pause (ce qui confirmait sans aucun doute ses soupçons quant à ma capacité à le concevoir) que c'était *du point de vue de l'Arche* , mais maintenant, il il m'a dit alors que c'était *circulaire* (mais si je prêtais serment d'éviter la culpabilité de la conscience, je conclurais par la première.) Ce à quoi j'ai immédiatement répondu que j'avais la même chose que moi-même, et ainsi nous n'avons pas discuté. un mot plus touchant à ce sujet. . . Puis, après mon retour à la maison, je lui ai envoyé une vue de ma *projection* drawe dans *Pastboard* : Admettez maintenant que je n'avais pas l' *invention* de mon *anneau* avant d'en parler. . . ce n'était pas si facile pour moi. . . élever et composer un *instrument si complet et absolu* à partir d'un si petit principe ou d'un si petit aperçu de lumière. . .»

DÉCLARATION DE SHOULDRED
Épître , page (23)

"Peu de temps après mon cadeau à *Elias Allen* , j'ai eu le hasard de rencontrer *Richard Delamain* dans la rue (c'était à Alhallontide) et pendant que nous marchions ensemble , je lui ai raconté quel instrument j'avais donné à Maître *Allen* , les deux logarithmes projetés en cercles. , qui étant inférieur à un pied de diamètre, ferait autant que l'un des maîtres *canonniers* dirigeants de six pieds de long : et aussi des prostaphaérèses des planètes et des seconds mouvements. *Une telle invention, ai-je* dit : pour l'instant ses *intentions* (c'est-à-dire son ambition) ont commencé à fonctionner : . . . Mais il dit : *Puis , après mon retour à la maison, je lui ai envoyé une vue de ma projection dessinée en carton* . Voyez avec quelle notoriété il jongle sans instrument. *Puis après* : combien de temps après ? *une vue de ma projection* : de combien ? Plus de sept semaines plus tard, le 23 décembre, il m'envoya la ligne de chiffres placée uniquement sur un cercle : . . . et il présenta tout cela seulement à Sa Majesté : mais quant à son sinus ou sa tangente, il n'y en eut pas la moindre apparition. Il ne pouvait pas non plus donner à Maître *Allen* aucune direction pour la composition des cercles de son Anneau, ou pour leur division : comme sur son serment Maître *Allen* témoignera comment il l'a induit en erreur et l'a fait travailler en vain plus de trois semaines ensemble, jusqu'à Maître *Allen* lui-même a découvert son ignorance et ses erreurs, ce qui est plus clair il est alors possible, avec n'importe quelle impudence, d'être déjoué.

Shouldred fait une déclaration supplémentaire (*Épître* , p. (24)) comme suit :

Delamain entendant que Brown avec sa *Serpentine* avait *une autre ligne* par laquelle il pouvait travailler quelques minutes dans les 90 degrés des sinus. . . a donné [son] livre à Browne : qui en remerciement ne pouvait que gratifier Delamain avec ses *lignes* également : et lui apprendre l'usage d'elles, mais surtout de la *grande ligne* : avec cette prudence des deux côtés, qu'il ne faut pas se mêler de les autres inventions. Deux jours après *Delamain* . . . parce qu'il y avait trouvé des choses à modifier . . . J'ai demandé le livre . . . mais dès qu'il l'eut entre les mains , il loua toute la partie médiane avec les deux plans, les mit dans sa poche et partit. . . et . . . s'efforce de rappeler tous les livres qu'il avait distribués. . . Et peu de temps après, il a demandé à un nouvel imprimeur (qui ignorait ses anciens projets) de l'imprimer de nouveau : en lui donnant une charge spéciale de la *ligne la plus extérieure nouvellement gravée* dans la plaque, qui est en effet *la ligne même de Brownes* : et en modifiant ensuite son livre. . .

.

Cette déclaration et d'autres faites par Oughtred semblent nuire à la réputation de Delamain . Mais il est fort possible que les suppositions d'Oughtred quant aux motivations de Delamain soient fausses. De plus, certaines des déclarations de Oughtred ne constituent pas une connaissance directe de lui, mais de simples ouï-dire. On peut accepter ses faits de première main tout en innocentant Delamain de ses actes répréhensibles. Il existe toujours un danger que les revendicateurs rivaux d'une invention ou d'une découverte partent du principe que personne d'autre n'aurait pu arriver de manière indépendante aux mêmes dispositifs qu'eux-mêmes ; l'histoire des sciences prouve le contraire. Il est rare qu'une invention de quelque nature que ce soit soit le fait d'un seul homme. Nous ne nous sentons pas compétents pour juger le cas de Delamain . Nous en savons trop peu sur lui en tant qu'homme. Nous sommes enclins à penser que l'hypothèse d'une invention indépendante est la plus plausible. Quoi qu'il en soit, Delamain figure dans l'histoire de la règle à calcul comme l'éditeur du premier livre sur cette matière et comme un concepteur enthousiaste et habile de règles à calcul.

L'effet de cette controverse sur les amis intéressés fut probablement faible. Sans doute peu de gens lisent les deux côtés. Shouldred dit : [21] « ce scandale . . . avec eux, dont je ne suis pas connu , m'a causé beaucoup de préjudices et de désavantages. .» Aubrey, [22] un ami de Oughtred , fait référence à Delamain « qui était si audacieux d'écrire contre lui » et se souvient avoir vu « depuis de nombreuses années , vingt ou plus de bons vers faits » contre Delamain . Un autre ami de Oughtred , William Robinson, qui avait vu certaines publications de Delamain , mais pas sa

Grammelogia IV , écrivit dans une lettre à Oughtred , peu avant la parution de l' *épître* de ce dernier :

> Je ne peux m'empêcher de m'étonner de l'indiscrétion de Rich. Delamain , qui se sentant conscient qu'il n'est que le porte-monnaie de l'esprit d'un autre, provoquerait et réveillerait ainsi inconsidérément un lion endormi. . . il a si faiblement (bien qu'à mon avis, assez vaniteux) loué son propre travail . . . [23]

Delamain offrit au roi Charles Ier un de ses cadrans solaires, également un manuscrit et, plus tard, une copie imprimée de son livre de 1630. Un dessin de sa règle à calcul améliorée fut envoyé au roi et la Grammelogia IV lui *est dédiée* . lui. Le roi dut être favorablement impressionné, car Delamain fut nommé précepteur du roi en mathématiques. Sa veuve a demandé réparation à la Chambre des Lords en 1645 ; il a eu dix enfants. [24]

Anthony Wood déclare que Charles Ier, le jour de son exécution, ordonna à son ami Thomas Herbert « de donner à son fils le duc d'York son grand cadran-anneau en argent, un bijou de son maj . très apprécié. » Anthony Wood ajoute : « il a été inventé et fabriqué par Rich. Delamaine , un mathématicien très compétent, l'a projeté et a montré dans un petit livre imprimé son excellente utilité pour résoudre de nombreuses questions d'arithmétique et d'autres opérations rares qu'il peut accomplir en mathématiques. [25]

VI. LIGNE DE JAUGEAGE D'OUGHTRED, 1633

Jusqu'à présent, il n'était pas généralement connu que Oughtred avait conçu une règle à calcul rectiligne pour le jaugeage et en avait publié une description en 1633. [26] Dans ses *Cercles de Proportion* , chapitre IX, Oughtred avait proposé une approximation plus précise que celle de Gunter pour capacité des fûts. Le Gauger de Londres a reproché à Oughtred d'avoir osé remettre en question tout ce que Gunter avait écrit. La discussion qui a suivi a conduit à une invitation adressée par la Company of Vintners au fabricant d'instruments Elias Allen pour demander à Oughtred de concevoir une tige de jauge. [27] C'est ce qu'il fit et Allen reçut une commande d'instruments « trois-vingts ». À la page 19 , Oughtred décrit sa « tige de jaugeage » :

Il se compose de *deux règles en laiton* d'environ 32 pouces de longueur, qui ont également un demi- pouce de large et un quart de pouce d' épaisseur . . . À une extrémité de ces deux règles se trouvent *deux petites douilles* d' airain solidement fixées : par lesquelles les règles sont maintenues ensemble et amenées à se déplacer l'une sur l'autre et à être étirées à n'importe quelle longueur, selon l'occasion. ayez-les à la juste longueur, il y a sur l'une des douilles *une longue goupille de scrue* pour les scrue rapidement.

Il y a des graduations sur trois côtés des règles, l'une d'elles étant la ligne logarithmique des nombres. Il dit (p. 39) « la manière de calculer les *divisions de jauge* que j'ai cachées ». W. Robinson, qui était un ami de Oughtred , lui écrivit ce qui suit : [28]

J'ai de la lumière sur votre petit livre de jaugeage artificiel, qui m'intéresse beaucoup, mais je veux la tige, et je n'ai pas non plus pu en voir une à ce moment-là, car M. Allen n'en avait plus. . . J'ai oublié de demander à M. Allen le prix de l'un d'entre eux, sinon j'en aurais un. Shouldred a annoté ce passage ainsi : « Ou en bois, s'il y en a un fabriqué en bois par Thompson ou par tout autre. »

Un autre admirateur de Oughtred , Sir Charles Cavendish, écrivait ainsi le 11 février 1635 : [29]

Je te remercie pour ton petit livre, mais surtout pour la façon de calculer les divisions de ta jauge. Je souhaite, tant pour eux-mêmes que pour le vôtre, que les citoyens soient aussi capables de l'acuité de cette invention, qu'ils sont communément avides de gain, et alors je ne doute pas qu'ils vous donneraient une meilleure récompense que je ne doute maintenant qu'ils vous récompensent . volonté.

Le 20 avril 1638, nous voyons Oughtred donner à Elias Allen des instructions [30] « sur la fabrication des deux dirigeants ». Comme en 1633, [31] ainsi maintenant, Shouldred prend un dirigeant plus longtemps que l'autre. Cet instrument de 1633 servait également de « crosse- staffe pour prendre la hauteur du Soleil , ou de toute étoile au-dessus de l'Horizon, ainsi que leurs distances ». La règle la plus longue s'appelait *staffe* , la plus courte *transversarie* . Tandis qu'en 1633 il prenait les longueurs des deux dans le rapport « presque 3 à 2 », en 1638, il prenait « les trois quarts transversaux de la longueur de la portée, [...] ». . . afin que les divisions soient plus grandes.

VII.
AUTRES RÈGLES À CALCUL DU XVIIIÈME SIÈCLE

Dans mon *Histoire de la règle à calcul,* je parle de Seth Partridge, Thomas Everard, Henry Coggeshall, W. Hunt et Sir Isaac Newton. [32] De Partridge's *Double Scale of Proportion* , Londres, j'ai examiné un exemplaire daté de 1661, qui est la date la plus ancienne de ce livre que j'ai vue. À notre connaissance, 1661 est la date la plus ancienne de publications sur la règle à calcul, depuis Oughtred et Delamain . Mais il ne serait pas surprenant que les 28 années qui ont suivi ne soient pas aussi stériles qu'elles le paraissent aujourd'hui. Les épreuves de Partridge de 1661 et 1662 sont identiques, à l'exception de la date sur la page de titre. William Leybourn , qui a imprimé le livre de Partridge, en parle avec une grande appréciation dans son propre livre. [33]

En 1661 fut également publié le premier livre de John Brown, *Description and Use of a Joynt-Rule* , mentionné précédemment. Au chapitre XVIII, il décrit l'utilisation de « M. Règle des blancs »pour mesurer les planches et les bois, ronds et carrés. Il appelle cela une « règle mobile ». L'existence, en 1661, d'une « règle des Blancs » témoigne d'activités de conception dont nous savons encore très peu de choses. Dans son livre de 1761, cité précédemment, Brown donne un dessin de « la règle coulissante de White » (p. 193) ; aussi un dispositif spécial qui lui est propre, comme il l'indique dans ces mots :

Une nouvelle amélioration du quadrant triangulaire, comme je l'ai fait plusieurs fois, avec un couvercle coulissant sur le côté intérieur, lorsqu'il est rendu creux, pour transporter l'encre, les stylos et les compas ; puis sur le couvercle coulissant et sur les bords, est placée la ligne de nombres, selon le premier dispositif de M. White pour le mode de fonctionnement ; mais beaucoup augmenté et rendu facile par John Brown.

Il ne donne aucun dessin de son « quadrant triangulaire », c'est pourquoi sa description n'est pas satisfaisante. Il explique l'utilisation de « points de jauge ». Le fait qu'il place des lignes logarithmiques sur les bords des boîtes à instruments fut surpassé plus tard par Everard qui les plaça sur des boîtes à tabac. [34] Dans la publication de Brown de 1704, la règle à calcul blanche est à nouveau donnée, « étant une méthode aussi soignée et aussi précise que jamais utilisée ». Il parle aussi d'une « règle à calcul du vitrage ». William Leybourn explique en 1673 comment les lignes doubles et triples de Wingate pour la quadrature et le cube, ou la racine carrée et cubique, peuvent être utilisées sur les règles à calcul. [35]

Dès le début de l'histoire de la règle à calcul, lorsque Oughtred a conçu sa « tige de jauge », nous remarquons la conception de règles destinées à des usages très spéciaux. Un autre dispositif de ce type, qui jouit d'une longue popularité, était la *mesure du bois par une ligne* , de Hen. Coggeshall, Gent., Londres, 1677, un livret de 35 pages. Coggeshall dit dans sa préface :

> Pour ce qui peut être plus simple et plus facile , alors après avoir réglé douze à la longueur, pour voir le contenu exactement contre la circonférence ou le côté du carré. Alors que sur l'échelle de M. Partridge, le contenu est le sixième nombre, ce qui est bien plus gênant qu'avec les boussoles.

Une ligne de la règle de Coggeshall commence par 4 et s'étend jusqu'à 40, ces nombres étant le « Girt » (un quart de la circonférence), qui dans la pratique ordinaire de mesure du bois rond se situe entre 4 pouces et 40 pouces. Cette «ligne de ceinture» glisse «contre la ligne des nombres à deux longueurs, à laquelle elle est exactement égale». Une deuxième édition, 1682, montre quelques changements dans la règle, ainsi qu'un agrandissement et un changement de titre du livre lui-même : *A Treatise of Measures, by a Two-foot Rule* , par HC Gent, Londres, 1682. Dans celui-ci, la description de la règle est donnée ainsi :

> Il y a quatre lignes sur chaque appartement de cette règle ; deux ensuite les bords extérieurs, qui sont des lignes de mesure ; et deux ensuite les bords intérieurs, qui sont des lignes de proportion. Sur un plat, à côté des bords intérieurs, se trouve la ligne carrée [ligne de ceinture en mesure de bois rond] avec la ligne de nombres son homologue. Ensuite, vers l'extérieur, une ligne de pouces divisée en moitiés , quarts et demi-quarts ; de 1 à 12 sur une règle ; et de 12 à 24 d'autre part. Sur l'autre plat, à côté des bords intérieurs, se trouve la double échelle des nombres [pour résoudre les proportions]. Ensuite, à l'extérieur, sur une règle, une ligne de pouces divisée chacune en dix parties ; et ceci pour jauger, etc. De l'autre un pied divisé en 100 parties.

Plus tard, d'autres changements ont été introduits dans la règle de Coggeshall. [36]

Il convient de noter que le livre de règles à calcul de Coggeshall, *The Art of Practical Measurement*, a été révisé dans *Acta eruditorum*, anno 1691, p. 473 ; d'où la description par Leupold [37] de la règle à calcul rectiligne dans son *Theatrum arithmetico-geometricum*, Leipzig, 1727, Cap. XIII, p. 71, n'est pas la première référence à la règle rectiligne trouvée dans les publications allemandes. La date ci-dessus est même antérieure à la référence de Biler à une règle à calcul circulaire dans sa *Descriptio instruments mathematici universalis* de 1696.

Deux règles à calcul remarquables pour le jaugeage ont été décrites par Tho . Everard, Philomath, dans son *Stereometry made easie*, Londres, 1684. Il désigne ses lignes par les lettres majuscules A, B, C, D, E. Sur le premier instrument, *A* sur la règle, et *B* et *C* sur la diapositive, ont chacun deux rayons de nombres, *D* n'en a qu'un, tandis que *E* en a trois. La deuxième règle est décrite en *annexe* ; elle mesure un pied de long, avec deux glissières permettant d'étendre la règle à 3 pieds.

Les instruments d'Everard ont été fabriqués à Londres par Isaac Carver qui, peu après, a lui-même écrit une description et l'utilisation d'une nouvelle règle coulissante de seize pages, *projetée à partir des tables du Gauger's Magazine*, Londres, 1687, qui a été « imprimé pour William Hunt ». et relié en un seul volume avec un livre de Hunt, intitulé *The Gauger's Magazine*, Londres, 1687. Il semble que ce soit le même William Hunt qui a publié plus tard ses propres descriptions de règles à calcul. L'instrument décrit par Carver « se compose de trois pièces, dont deux sont mobiles pour être étirées jusqu'à ce que l'ensemble atteigne 36 pouces de long ». Il comporte plusieurs graduations non logarithmiques, ainsi que des lignes logarithmiques marquées A, B, C, D, dont A, B, C sont des « lignes doubles » et D une « ligne simple » utilisée pour les carrés et les racines carrées. Il est conçu pour la détermination de la vacuité d'un « fût sphéroïdal couché », d'un « fût sphéroïdal debout » et d'un « fût parabolique couché ».

Un autre écrivain du XVIIe siècle qui s'est intéressé à la règle à calcul est John Atkinson, que nous avons mentionné plus tôt. Il dit : [38] « Les lignes de nombres, sinus et tangentes, sont placées en double, c'est-à-dire une de chaque côté, à mesure que la pièce centrale glisse : quelle pièce centrale est si artificielle qu'elle glisse d'avant en arrière facilement, pour glisser et à placer dans n'importe quel côté en haut, afin de rapprocher les lignes (ou les unes contre les autres) les plus appropriées pour résoudre la question, élaborée par *Sliding-Gunter*.

Les données présentées dans cet article montrent que, si les premières règles à calcul étaient de type circulaire, les règles à calcul ultérieures du XVIIe siècle étaient de type rectiligne. [39]

12 janvier 1915.

Notes de bas de page

[1] F. Cajori , *History of the Logarithmic Slide Rule and Allied Instruments* , New York, 1909, pp. 7-14, également Addenda i -vi.

[2] F. Cajori , « Sur l'invention de la règle à calcul », dans *Colorado College Publication* , Engineering Series Vol. 1, 1910. Un résumé de ceci est donné dans *Nature* (Londres), Vol. 82, 1909, p. 267.

[3] F. Cajori , *Histoire* etc., p. 14.

[4] Art. « Slide Rule » dans la *Penny Cyclopaedia* et dans la *Cyclopaedia anglaise* [Arts and Sciences].

[5] Anthony Wood, *Athénae oxonienses* (Ed. P. Bliss), Londres, Vol. III, 1817, p. 423.

[6] Le titre complet du livre que Wingate a publié sur ce sujet à Paris est le suivant :

L'Vsage | de la | Regle de | Proportion | fr l'Arithmétique & | Géométrie . | Par Edmond Vvingate , | Gentil-homme Anglois . |

Ε ἄ ν ῆς _ φιλεμ αθ ἠ ς, ἔ ση ἥ ση π ολυμ αθ ἠ ς.

In tenui , sed nõ tenuis vsusve , laborne . |

À Paris, | Chez Melchior Mondière , | démeurant fr l'Île du Palais, | à la | rue de Harlay aux deux Vipères . | M. DC. XXIV. | Auec Priuilège du Roy. |

Au dos de la page de titre se trouve l'annonce :

Notez que la Reigle de Proportion en toutes façons se vend à Paris chez Melchior Tauernier , Graueur & Imprimeur du Roy pour les Tailles douces , démeurantes fr l'Isle du Palais sur le Quai qui regarde la Mégisserie à l'Espic d'or.

[7] La page de titre de l'édition de 1658 est la suivante :

L'utilisation de la règle de proportion en arithmétique et en géométrie . Publié pour la première fois à Paris en langue française et dédié à Monsieur, le seul frère du roi d'alors (aujourd'hui duc d' Orléans). Par Edm . Wingate, un gentilhomme anglais. Et maintenant traduit en anglais par l'auteur. Dans lequel est maintenant également insérée la construction de la même règle et une utilisation ultérieure de celle-ci. . . 2e édition augmentée et amendée. Londres, 1658.

[8] *Souvenirs de la vie de ce savant antiquaire, Elias Ashmole , Esq.; Rédigé par lui-même à titre de Journal. Avec annexe des lettres originales.* Publié par Charles Burman, Esq., Londres, 1717, p. 23.

[9] *Tables mathématiques* , 1811, p. 36, et art. "Gunter's Line" dans son *Phil. et les mathématiques. Dictionnaire* , Londres, 1815.

[10] *Aux Gentrie anglais et à tous les autres étudiants des Mathématiques , qui seront les lecteurs des présentes. Les justes excuses de Wil : Ovghtred , contre les diffamations insimulations de Richard Delamain , dans un pamphlet intitulé Grammelogia , ou Mathematicall Ring, ou Mirifica logarithmorum projection circulaire.* Nous appellerons ce document *Épître* . Il a été publié sans date sur 32 pages non numérotées en petits caractères et relié avec l'ouvrage de Oughtred. *Cercles de proportion* , dans les éditions de 1633 et 1639. Dans l'édition de 1633 il est inséré à la fin du volume juste après l' *Ajout au Vse de l'Instrument etc.* , et dans celle de 1639 immédiatement après la préface. Elle a été omise de l'édition d'Oxford de 1660. L' *épître* a également été publiée séparément. Il existe un exemplaire séparé au British Museum de Londres. Aubrey, dans ses *Brief Lives* , édité par A. Clark, Vol. II, Oxford, 1898, p. 113, dit étrangement : « Il a écrit une brochure sur 163 (? 4) contre . . . Delamine . »

[11] Thomas Browne est mentionné par Stone dans son *Mathematical Instruments* , Londres 1723, p. 16. Voir également Cajori , *History of the Slide Rule* , New York, 1909, p. 15.

[12] *La description et l'utilisation d'une règle Joynt : . . . également l'utilisation de la règle de M. White pour mesurer les planches et le bois, ronds et carrés ; Avec la manière de Vsing la ligne serpentine des nombres, des sinus, des tangentes et des sinus versés.* Par J. Brown, Philom ., Londres, 1661.

[13] *Une collection de centres et de proportions utiles sur la ligne des nombres* , par John Brown, 1662(?), 16 pages ; *Description et utilisation du quadrant triangulaire* , par John Brown, Londres, 1671 ; *Règle de proportion de Wingate en arithmétique et en géométrie : ou ligne de Gunter* . *Récemment rectifié par M. Brown et M. Atkinson, Teachers of the Mathematicks* , Londres, 1683 ; *La description et l'utilisation de la règle du charpentier : ainsi que l'utilisation de la ligne de nombres communément appelée Gunter's-Line* , par John Brown, Londres, 1704.

[14] William Leybourn , *op. cit.* , pages 129, 130, 132, 133.

[15] L'édition de James Atkinson de l'ouvrage d'Andrew Wakely *The Mariners Compass Rectified* , Londres, 1694 [Préface de Wakely datée de 1664, préface d'Atkinson, 1693]. Atkinson ajoute *une annexe contenant l'utilisation des instruments les plus utiles en navigation* . Notre citation est tirée de cette *annexe* , p. 199.

[16] R. Delamain , *Fabrication, description et utilisation d'un petit instrument portatif. . . appelé quadrant horizontal* , etc., Londres, 1631.

[17] La description par Shouldred de sa règle à calcul circulaire de 1632 et de sa règle à calcul rectiligne de 1633, ainsi qu'un dessin de la règle à calcul circulaire, sont reproduits dans l'ouvrage de Cajori. *Histoire de la règle à calcul* , Addenda, pp. ii-vi.

[18] Le titre complet de la *Grammelogia I* est le suivant :

Gram ‾ élogie | ou, | L' anneau mathématique . | Montrer (toute capacité raisonnable qui n'a | pas de calcul arithmétique) comment résoudre et travailler | toutes les opérations ordinaires de l'arithmétique . | Et ceux qui sont les plus difficiles avec les plus grands | facilitie : L'extraction des Racines, la valorisation des | Baux, etc. Le mesurage des Plaines | et les solides. | Avec la résolution de Plaine et Sphericall | Triangles. | Et cela uniquement par une inspection oculaire, | et un mouvement circulaire. | Naturae secreta tempus aperit . | Londres imprimé par John Haviland, 1630.

[19] *Grammelogia III* est la même que *Grammelogia I* , à l'exception de l'ajout d'une annexe intitulée :

De la Main | Annexe | Vpon son | Mathématique | Anneau. Attribut nullo (praescripto tempore) vitae | vsuram nobis ingeniique Deus. | Londres, |

. . . La ou les deux lignes suivantes de cette page de titre, qui contenaient probablement la date de publication, ont été coupées par le relieur en coupant les bords de cette brochure et de plusieurs autres brochures pour les relier en un seul volume.

[20] *Grammelogia IV* a deux pages de titre. La première est *la Projectio Circularis de Mirifica Logarithmoru* . Suit un schéma d'une règle à calcul circulaire, avec l'inscription dans l'anneau le plus intérieur : *Nil Finis , Motvs , Circvlvs. vllvs Habet* . La deuxième page de titre est la suivante :

Grammologie | Ou, l' anneau Mathematicall . | Extrait des Logarythmes et projeté Circulaire : Maintenant publié dans le | agrandissement de celui-ci jusqu'à une ampleur adaptée à l'usage : indication de toute raison- | capacité capable qui n'a pas Arithmeticke comment résoudre et travailler , | toutes les opérations ordinaires d' arithmétique : | Et ceux qui sont les plus difficiles avec la plus grande facilité , l' extraction - | sur les Rootes , l'évaluation des baux, etc. la mesure des Plaines et des Solides, | avec la résolution des Triangles Plaine et Sphericall appliquée au | Parties pratiques de Géométrie , Horologographie , Géographie | Fortification, navigation, astronomie , etc. | Et cela uniquement par une inspection oculaire et un mouvement circulaire, inventés et publiés pour la première fois par R. Delamain , professeur et étudiant des mathématiques . | Naturae secreta tempus aperit . |

Il n'y a pas de date. Suit le schéma d'une deuxième règle à calcul circulaire, avec l'inscription à l'intérieur de l'anneau le plus intérieur : *Typus proiectionis Annuli adaucti . vt en Conclusion Lybri praelo commissi , Anno 1630 promisi* . Il existe de nombreux dessins dans la *Grammelogia* , qui, à l'exception des dessins de règles à calcul sur les pages de titre gravées des *Grammelogia IV* et *V* , ont tous été imprimés sur des morceaux de papier séparés puis insérés à la main dans les espaces vacants des pages imprimées. leur est réservé. Certains dessins manquent, de sorte que la *Grammelogia IV bodléienne* diffère à cet égard légèrement de la copie du British Museum et de la copie du British Museum de la *Grammelogia V* .

[21] *Épître* , p. (8).

[22] Aubrey, *op. cit.* , Vol. II., p. 111.

[23] Rigaud, *Correspondance des hommes savants au XVIIe siècle* , Vol. Moi, Oxford, 1841, p. 11.

[24] *Dictionnaire biographique national* , art. « Delamain , Richard.» Voir également le révérend Charles J. Robinson, *Taylors' School, de 1562 à 1874 après J.-C.* , Vol. Moi, 1882, p. 151 ; *Journal de la Chambre des communes* , vol. IV., p. 197B ; _ *Sixième rapport de la Commission royale sur les manuscrits historiques* , partie I, rapport et annexe, Londres, 1877. Dans cette *annexe* , p. 82, on lit ce qui suit :

22 octobre [1645] Pétition de Sarah Delamain , relique de Richard Delamain . Le mari de la pétitionnaire était serviteur du roi, et l'un des ingénieurs de Sa Majesté pour la fortification du royaume, et son précepteur en arts mathématiques ; mais dès le déclenchement de la guerre, il déserta la cour et fut appelé par l'État à plusieurs emplois, pour fortifier les villes de Northampton, Newport et Abingdon ; et fut également à l'étranger avec les armées en tant que quartier-maître général de l'infanterie, et y mourut. La pétitionnaire se retrouve veuve inconsolable avec dix enfants, dont les quatre moindres sont maintenant atteints de maladie, et la pétitionnaire n'a plus rien pour subvenir à ses besoins. Plusieurs sommes d'argent considérables sont dues au pétitionnaire, tant de la part du Roi que de l'État. Prie pour qu'elle puisse avoir un certain soulagement parmi d'autres veuves. Voir LJ, VII. 6. 657.

[25] Anthony Wood, *Athénae Oxonienses* (Édition Bliss) Vol. IV., Londres, 1820, p. 34.

[26] *La nouvelle ligne ou tige de jaugeage artificielle : ainsi que les règles concernant son utilisation : inventée et écrite par WILLIAM OUGHTRED* , etc., Londres, 1633. L'exemplaire que nous avons vu se trouve à la Bodleian Library, Oxford. Le livre est de petit format et compte 40 pages.

[27] Devrait , *op. cit.* , p. 11.

[28] SJ Rigaud, *Correspondance des hommes scientifiques du XVIIe siècle* , Oxford, Vol. Moi, 1841, p. 17.

[29] Rigaud, *loc. cit.* , p. 22.

[30] Rigaud, *loc. cit.* , p. 30, 31.

[31] Shouldred , *An Addition vto the Vse of the Instrument Called the Circles of Proportion* , Londres, 1633, p. 63.

[32] F. Cajori , *History of the Slide Rule* , New York, 1909, pp. 16-22, Addenda, pp. vi-ix.

[33] W. Leybourn , *op. cit.* , 1673, Préface et pp. 128-29.

[34] Cajori *op. cit.* , Addenda, p. ix.

[35] William Leybourn , *op. cit.* , 1673, p. 35.

[36] Voir Cajori , *op. cit.* , p. 20, 28, Addenda, p. ix.

[37] Voir F. Cajori , « Une note sur l'histoire de la règle à calcul », *Bibliotheca mathematica* , 3 F., Vol. 10, p. 161-163.

[38] John Atkinson, *op. cit.* , 1694, p. 204.

[39] La règle à calcul la plus ancienne qui existe actuellement appartient probablement au St. John's College d'Oxford et se présente sous la forme d'un disque en laiton de 1 pied 6 pouces de diamètre. Il a été exposé avec d'autres instruments en mai 1919. D'après le *catalogue d'une exposition de prêt d'instruments scientifiques anciens* à Oxford, inaugurée le 16 mai 1919, l'instrument porte le nom du fabricant (« *Elias Allen fecit* »). et avec le nom du donateur, Georgius Barkham . Il est daté de 1635, soit seulement trois ans après la première publication de la description par Oughtred de sa règle à calcul circulaire. Il est indiqué dans le *catalogue* : « Malheureusement, toutes les pièces mobiles manquent à l'exception de la plaque de base et de quelques vis à oreilles. La face de l'instrument est gravée de l' inscription Oughred. *Instrument horizontal* . Le dos est gravé de onze cercles de proportions comme décrit dans le livre d'Arthur Haughton, dont un exemplaire a été présenté au St. John's College par George Barkham , pour expliquer l'utilisation de l'instrument. Comme l'édition Oxford

d'Arthur Haughton de Oughtred's *Les cercles de proportion* ne sont apparus qu'en 1660, il semblerait que l'instrument n'ait probablement pas été présenté au Collège avant 1660. Pour autant que l'on sache, la deuxième règle à calcul la plus ancienne date de 1654 et est conservée au South Kensington Museum de Londres. , et est décrite dans *Nature* du 5 mars 1914. C'est une règle rectiligne, « en buis, bien faite, et reliée par du laiton aux deux extrémités. Il est de type carré, d'un peu plus de 2 pieds de longueur, et porte les lignes logarithmiques décrites pour la première fois par Edmund Gunter. Parmi celles-ci, les lignes *num* , *sin* et *tan* sont disposées par paires, identiques et contiguës, une ligne dans chaque paire étant sur la partie fixe, et l'autre sur la glissière. L'instrument porte l'inscription « Fabriqué par Robert Bissaker pour TW, 1654 ». Nulle part ailleurs nous n'avons vu de référence à Robert Bissaker . Sa règle à calcul semble antérieure à la « règle des Blancs » mentionnée ci-dessus. [Cette note de bas de page a été ajoutée le 15 octobre 1919.]